AF311411

UNE LEÇON

d'Hydrologie Française

A PROPOS DE

CHATEL-GUYON

CLERMONT-FERRAND

A. JOACHIM, IMPRIMEUR-ÉDITEUR

—

1911

UNE LEÇON

d'Hydrologie Française

A PROPOS DE

CHATEL-GUYON

CLERMONT-FERRAND

A. JOACHIM, IMPRIMEUR-ÉDITEUR

—

1911

UNE LEÇON

d'Hydrologie Française

A CHATEL-GUYON

Au cours de la randonnée qu'il a faite cet été parmi les Villes d'Eaux françaises, M. le Dr Bardet, Secrétaire Général de la Société de Thérapeutique, s'est arrêté le 27 septembre, à Châtel-Guyon.

Cette visite empruntait un caractère particulier à certains faits qu'il n'est pas inutile de rappeler ici. Elle fut l'occasion d'un remarquable discours qui, dans la bouche du Dr Bardet, équivaut à une véritable leçon, à un cours *ex cathedra* d'Hydrologie.

L'année dernière, M. le Dr Bardet avait publié une série d'articles dans lesquels, rendant compte d'un voyage qu'il venait de faire aux Stations allemandes, il cherchait à établir un parallèle entre celles-ci et leurs similaires françaises, et à dégager de ce parallèle les conclusions qui s'imposaient. Ces articles avaient eu un douloureux retentissement à Châtel-Guyon, tant parmi le corps médical qu'au sein de la Société des Eaux Minérales. Ils ne tendaient rien moins en effet qu'à ignorer complètement notre belle Station, en déclarant que Kissingen n'avait en France aucune rivale, que notre pays ne possédait aucune source jouissant d'une minéralisation et de propriétés sensiblement analogues.

Justement ému des plaintes fondées qui parvinrent alors jusqu'à ses oreilles, M. le Dr Bardet fit vaillamment tête à l'orage qu'il avait déchaîné en toute bonne foi, et il décida que la meilleure façon d'en dissiper les effets était encore de venir sur place prendre contact avec le corps médical de Châtel-Guyon et les représentants de l'Administration thermale, et s'expliquer loyalement avec eux sur un malentendu qui ne procédait de sa part que d'une connaissance incomplète, et de Châtel-Guyon et des merveilleuses propriétés thérapeutiques de ses Eaux, universellement réputées.

Le résultat de cette visite a dépassé toutes les espérances. M. le Dr Bardet et Châtel-Guyon en sortent grandis, s'il est possible, pour la plus grande gloire de l'Hydrologie française. Le témoignage désintéressé et impartial que M. le Dr Bardet rend à notre Station et à tous ses rouages, — médicaux, administratifs, thermaux, etc., — et qui donne la clé de l'essor prodigieux de notre Station, en la plaçant au tout premier rang parmi les Villes d'Eaux françaises, émanant d'une bouche aussi autorisée, ne peut que nous rendre fiers ; il démontre péremptoirement que les patients et laborieux efforts mis en commun au cours de ces dix dernières années, n'ont pas été perdus, et il équivaut pour nous tous à la plus magnifique des récompenses. Ne s'appuie-t-il pas en effet sur des faits palpables et tangibles, et sur les résultats les plus brillants et les plus positifs ? Quoi d'étonnant dès lors que nous en éprouvions un légitime orgueil, et que, convaincus des multiples services que nos Eaux peuvent rendre à la santé publique, nous persévérions dans le dessein de les mettre toujours en meilleure valeur, et d'en propager le renom aux quatre coins du monde ? Ceci est l'œuvre de demain, œuvre féconde et productive, et à laquelle, étroitement unis et marchant la main dans la main, médecins et Administration thermale, secondés d'ailleurs par tous ceux qui s'intéressent à la prospérité de Châtel-Guyon, vont s'atteler avec opiniâtreté, avec l'ardeur que donne toute bonne cause, avec le courage et l'enthousiasme qu'inspire la certitude du succès.

Le discours du Dr Bardet a été prononcé en réponse à un souhait de bienvenue à lui adressé par M. le Dr Pessez, Administrateur Délégué de la Société des Eaux Minérales de Châtel-Guyon, en présence de MM. les Docteurs Baraduc, Bartoli, Baumann, Bayrac, Saint-René Bonnet, Conchon, Foucaud, Gardette, Kolbé, Levadoux, Matignon, Mazeran, Reboul, Lanel ; M. de Lacomble, Directeur de l'Etablissement thermal.

M. le Dr Pessez a donc tenu le langage suivant :

MESSIEURS

Je suis particulièrement reconnaissant aux Médecins de Châtel-Guyon qui ont bien voulu répondre à mon invitation et se joindre à moi pour recevoir, en cette modeste réunion, notre éminent confrère, M. le Dr Bardet.

MON CHER CONFRÈRE,

Nous vous remercions très vivement d'avoir bien voulu affronter la fatigue d'un nonveau voyage à Châtel-Guyon pour trouver l'occasion de vous réunir à nous et de causer ensemble de ce qui nous tient le plus au cœur, à savoir l'avenir de nos Stations thermales et l'évolution propre à notre chère Station.

Vous avez, mon cher Confrère, au cours de cet été exceptionnellement inclément, accompli un rude labeur ; vous avez en un mot entrepris un travail considérable ; grâces vous en soient rendues ! A l'inverse de certains esprits dont la naïveté n'exclut pas la prétention, vous n'avez pas voulu croire que le titre suffit pour remplir la fonction, et vous souvenant à propos du vieil adage latin : « *Fit fabricando Faber* », vous vous êtes dit, dût en pleurer de joie M. de La Palisse, que le seul moyen de connaître les Eaux Minérales est encore d'aller les apprendre sur place. Vous avez, certes, pris la bonne méthode et je vous en félicite. L'Hydrologie française, soyez-en certain, n'aura garde de l'oublier.

Mais, je m'en voudrais de prolonger plus longtemps l'attente des bonnes et réconfortantes paroles que vous nous apportez.

Vous avez tenu à m'écrire, mon cher Confrère, dans la très aimable lettre que vous m'avez adressée en réponse à mon invitation, que « vous acceptiez cette dernière avec d'autant plus de plaisir que le résultat de votre longue et pénible tournée a été de vous amener à constater que, parmi les Stations de France, c'est Châtel-Guyon qui présente les signes les plus évidents de progression rapide et régulière et qui donne la nette impression d'un succès croissant. Je suis convaincu, avez-vous ajouté, que d'ici dix ans, Châtel-Guyon aura conquis une des premières places parmi les Eaux Minérales d'Europe ».

Nous ne saurions être insensibles à de pareils éloges et nous vous savons un gré infini de nous les avoir adressés, parce que nous sommes persuadés que vous ne nous les avez décernés qu'en pleine connaissance de cause.

Cependant, nous serions désolés qu'on pût croire un instant que, grisés par le succès incontestable de notre Station, Médecins et Administration vont désormais se croiser les bras et considérer leur œuvre comme à jamais terminée. Nous sommes, heureusement, loin d'une si décevante conception et nous n'ignorons rien de la lourde tâche qu'un tel passé nous impose. Aussi tenons-nous à vous assurer que le Corps Médical de Châtel-Guyon, — un des plus distingués et des plus instruits, je tiens à le proclamer, parmi la pléiade des hommes de valeur de nos Stations françaises, — et l'Administration de la Société des Eaux Minérales de Châtel-Guyon entendent resserrer plus que jamais les liens qui les unissent, et coordonner incessamment leurs efforts en vue de réaliser, en son échéance, la si gracieuse et si séduisante prédiction que nous vous devons.

Mon cher Confrère,

Je bois à votre excellente santé ;

Je bois à la santé de ceux qui vous sont chers ;

Je bois enfin au couronnement si mérité des multiples services que vous rendez, sans compter, à l'Hydrologie Française.

* *

M. le Dr Bardet a pris la parole en ces termes :

Mes chers Confrères,

Au cours du long voyage que je viens de faire, j'ai beaucoup appris, mais, parmi les notions acquises, il en est une que je crois devoir mettre au premier rang, c'est celle-ci : les pharmacologues doivent avoir la plus grande méfiance des procédés ordinaires de leur science quand il s'agit du traitement hydrologique. La science, en effet, les dessert en cette circonstance, pour l'excellente raison que nous sommes loin de connaître complètement la constitution et l'état physique de nos Eaux, de sorte que c'est seulement par les faits cliniques, qui leur sont fournis par leurs confrères hydrologues, qu'ils doivent faire leur opinion, s'ils veulent voir juste.

C'est parce qu'on a manqué à ce principe fondamental en trop d'occasions, qu'il a été commis beaucoup d'erreurs et, pour mon compte, j'ai bien pris la résolution de me mettre désormais à l'école auprès de mes confrères des villes d'Eaux, sur toutes les questions de pratique thermale, car seuls ils ont qualité pour faire notre opinion, parce qu'ils ont autorité en clinique hydrologique.

Aussi, n'ai-je aucune fausse honte à reconnaître que si j'avais suivi ce principe excellent, le petit différend qui a failli établir un état d'hostilité entre vous et moi n'aurait jamais existé

Jusqu'à ces derniers temps, comme tous les hommes d'études théoriques, ou de laboratoire, j'ai voulu classer les Eaux minérales d'après leur composition actuellement connue. Vous, vous les appréciez plus volontiers d'après leurs effets et il est évident que vous avez raison, car votre tâche est d'obtenir des résultats thérapeutiques. Par conséquent, vous auriez le plus grand tort de vouloir vous maintenir uniquement dans les limites que la théorie vous prétendrait assigner.

Votre droit absolu, devant les faits, est donc de dire : « Châtel-Guyon obtient les mêmes effets que le Kissingen, donc notre Station peut être à bon droit qualifié de Kissingen français ». Cliniquement vous êtes absolument dans le vrai.

Sur le terrain pharmacologique, il est non moins certain que vos Eaux diffèrent totalement, et très heureusement, de celles de votre rivale bavaroise ; elles sont froides, les vôtres sont chaudes ; celle-ci est une simple chlorurée sodique forte, légèrement bicarbonatée calcique, quand vous avez l'avantage de posséder une eau chlorurée à dominante magnésienne, avec association de bicarbonates en proportion égale à celle des chlorures, ce qui lui donne une qualité des plus intéressantes au point de vue de la tolérance. Il n'y a donc aucun doute, vous avez sur Kissingen une supériorité évidente, qui vous est scientifiquement reconnue par la Pharmacologie.

Par conséquent, le différend apparent, plutôt le malentendu, qui semblait nous séparer, sera tranché je crois par la formule suivante : « La cure de Châtel-Guyon produit les mêmes effets thérapeutiques que ceux qui sont obtenus à Kissingen. Mais le Kissingen français a les avantages des chlorurées-bicarbonatées, il peut recevoir des éréthiques digestifs. Donc, si Châtel-Guyon peut traiter utilement la même clientèle que Kissingen, il peut convenir en outre à toute une classe de malades auquel Kissingen, trop irritant, demeure interdit ».

Comme vous le voyez, mes chers Confrères, il est bien facile de s'entendre quand, de part et d'autre, on a la ferme intention de voir les choses d'après la vérité scientifique, en s'appuyant à la fois sur les faits cliniques et sur les observations du laboratoire, sans prétendre faire intervenir des arguties de pur raisonnement et, surtout, ce qui est toujours fâcheux, des questions d'amour-propre.

*
* *

Et du reste, cette supériorité pharmacologique de l'outil thermal, elle est, on peut l'affirmer, générale pour toutes nos Eaux françaises. Si les Allemands nous dépassèrent, c'est uniquement dans l'art d'exploiter les Eaux, de faire des installations balnéaires de premier ordre et de savoir occuper le malade. Mais cette supériorité ne sera pas durable; je puis vous donner l'assurance qu'avant dix ans nous aurons su reprendre l'avance perdue ; je n'en veux qu'une preuve et c'est vous qui me la fournirez.

En effet, si j'ai appris beaucoup de choses au cours du voyage d'études qui m'a permis de visiter 89 Stations dans ces quatre derniers mois, j'ai pu me rendre compte que Châtel-Guyon est, entre toutes, celle qui fait régulièrement le plus de progrès. Vous tous, mes chers Confrères, et avec vous votre Administration, avez bien mérité de l'Hydrologie française, elle vous doit un grand exemple. Vous avez, en effet, accompli un effort énorme, avec des moyens financiers moindres que beaucoup d'autres. Vous avez réussi à organiser une Station de premier ordre comme instrument de thérapeutique; vous avez su créer une cure très active, sachant modifier au besoin les applications, suivant les résultats de vos observations, évoluer même quand la nécessité s'en faisait sentir, mais poursuivant votre idée avec une persévérance et une autorité qu'on aurait été heureux de voir imiter en plus d'un endroit. D'un autre côté, votre Administration a su vous donner des moyens thérapeutiques excellents, qui seront sans doute perfectionnés, mais qui réprésentent déjà un ensemble très remarquable, quand on le compare à ce qui existe et surtout, hélas ! à ce qui n'existe pas ailleurs.

La caractéristique de Châtel-Guyon, en effet, se trouve dans des adaptations spécialement destinées aux particularités de son traitement, telle par exemple votre douche massage et votre belle installation mécanothérapique, si heureusement calculées pour des applications abdominales. Or, en faisant cela, vous avez tout bonnement fourni la solution très élégante de l'avenir de nos Stations françaises : *une spécialisation nettement définie d'après les propriétés de l'eau minérale, avec un outillage également spécial, destiné à l'utilisation rationnelle de l'eau, et des moyens accessoires adaptés systématiquement aux indications thérapeutiques de la Station.*

Cette conception, si éloignée de celle des Allemands, qui tendent toujours à faire de leurs Stations des répliques l'une de l'autre, cette conception vraiment originale, qui est bien la marque ethnique du tempérament de notre race, si souple et si varié, vous l'avez eue dès le début et vous en êtes amplement récompensés par le succès mérité que vous recueillez aujourd'hui. Aussi combien de fois, dans les conversations que j'ai tenues avec les confrères ou les directeurs des Stations, ai-je eu l'occasion de dire, en réponse aux questions qui m'étaient posées : « Mais allez donc à Châtel-Guyon, voyez comme on a réussi à trouver des aménagements logiques, adaptés à la cure ; n'imitez pas servilement, bien entendu, mais inspirez-vous de cette manière de voir et vous pourrez alors trouver exactement ce qui vous convient. »

*
* *

Mais je ne dois pas oublier que j'ai promis de vous rendre compte de ma tournée. Je ne vous fatiguerai pas d'un récit, je vous ferai seulement part de mes observations d'ordre général. Je le ferai d'autant plus volontiers que je serai encore amené à faire des constatations favorables pour Châtel, en tant que membre de la grande famille des Eaux auvergnates.

Sans donner expressément des noms, car je ne voudrais faire de peine à personne, je ne vous étonnerai certainement pas en vous disant que je n'ai pas trouvé partout la perfection et que même, en plus d'un endroit, j'eus le déplaisir de rencontrer la pénurie, la médiocrité et parfois pire encore. Pas très loin de l'Auvergne, par exemple, il existe des Stations qui en 1850 vivaient très prospères, recevant parfois plus de malades que des villes d'eaux aujourd'hui

très connues, et qui cependant sont à l'heure présente complètement ruinées. Comment en pourrait-il être autrement ? Les installations n'ont pas changé ; il est tout naturel qu'à l'indifférence des
intéressés ait répondu l'abandon du public et l'oubli des médecins.
C'est là malheureusement un fait qui se représente trop souvent
dans nos provinces. Partout où l'effort s'est montré nul, la décadence apparait. En revanche, tout effort a été récompensé assez
exactement en proportion de la bonne volonté montrée, qu'elle
vienne du médecin, de la direction ou même seulement de l'hôtel.
Je pourrais même vous citer telle Station ridiculement dirigée et
qui prospère relativement, grâce à l'activité et à l'intelligence du
corps médical et, parfois même d'un seul médecin.

Dans d'autres lieux, la décadence a une cause médicale en même
temps qu'une cause matérielle. Là, si les directions n'ont pas su
perfectionner l'outillage, les médecins de leur côté n'ont pas su
faire logiquement cette spécialisation définie dont nous établissions
tout à l'heure la nécessité. De là indécision chez le malade et surtout chez son médecin, qui ne sait plus à quoi répond exactement
la Station. Ailleurs on veut imiter une ville rivale et l'on aban-
donne une spécialisation logique pour étendre le champ des indications, et l'on perd à la longue toute l'ancienne clientèle sans en
faire beaucoup de nouvelle. C'est une faute d'orientation qui a été
chèrement payée.

Dans un grand nombre de villes, notamment dans le midi. on
constate une autre cause de paralysie. Pour faire réussir une Station, ce n'est pas trop de l'effort réuni de toutes les activités : or
c'est tout le contraire qui se produit dans les contrées que je vise.
Les médecins sont mal vus de leur administration qui fait obstacle
à tous leurs désirs, la municipalité bataille contre l'administration
thermale et contre les médecins et enfin la politique, cette plaie
de l'époque, vient encore compliquer la situation. Ah ! quand on
en arrive là, c'est net, la ruine est proche, car alors la population
s'en mêle et voit de mauvais œil ce qu'elle appelle l'étranger,
c'est-à-dire l'hôte qui lui apporte l'aisance. Cette situation est
déplorable ; pour la faire cesser, il faudrait l'intervention d'une
autorité extérieure, très influente et désintéressée des questions
locales, qui pourrait amener l'union. Cette force, on ne l'aura que
le jour où il existera un Institut d'hydrologie, véritable *milieu*

thermal, dont les chefs de service auront toute chance d'inspirer confiance à tous.

A ces milieux désunis, on pourrait proposer le magnifique acte d'union de votre Fédération d'Auvergne. Bien souvent j'ai montré comment vous avez su vous grouper tous, médecins, directions, municipalités et hôtels, pour rassembler en un seul faisceau les intérêts et les activités de tout ordre. Puisse votre exemple si suggestif ouvrir partout les yeux et persuader les bonnes volontés, qui ne manquent pas, mais qui restent incohérentes dans leur isolement forcé.

*
* *

En terminant, je vous rendrai rapidement compte des résultats matériels de mon voyage. Vous savez que je m'étais chargé : 1° de réunir les matériaux d'un *Livre des Stations Françaises*, inventaire complet de nos richesses balnéaires et climatiques, analogue au *Baederbuch* allemand ; — 2° de pousser à l'organisation d'un prochain Congrès des Stations françaises ; — 3° enfin de tenter des démarches pour la création prochaine d'un Institut d'Hydrologie et de Climatologie à Paris.

Du premier point, j'ai peu à dire, car la chose ne peut être discutée. J'ai remis des questionnaires qui commencent déjà à revenir et, une fois en leur possession, le Syndicat des médecins climatiques et balnéaires pourra entreprendre facilement la publication. Nous avons de MM. Astier et Pédebidou, président et vice-président du groupe interparlementaire des Stations, la promesse de faire à ce moment les démarches utiles pour que, suivant l'exemple du gouvernement prussien, l'Etat français nous accorde les fonds nécessaires.

Pour le Congrès, dont l'administration d'*Excelsior* (qui a accompli en faveur des Stations françaises la campagne que vous connaissez) a assumé l'organisation avec le plus grand désintéressement, il aura lieu à la fin de l'année et très utilement, car bien des questions, notamment celles de la taxe spéciale et des billets de saison, demandent à être étudiées dès maintenant. Les idées sont loin d'être nettes sur l'application de la taxe et seul un Congrès pourra mettre de l'unité dans la manière d'interpréter la loi. Là encore, l'exemple de la Fédération d'Auvergne aura la plus heureuse influence.

La question de la création d'un Institut d'Hydrologie sera plus difficile à résoudre, car il s'agit d'obtenir des subventions importantes. Cependant, j'ai le plaisir de vous annoncer que le résultat de mes démarches est fort encourageant; partout j'ai trouvé des oreilles déjà ouvertes pour écouter ma prédication. Tout le monde, à de très rares exceptions près, parmi les médecins, les directeurs et même parmi les maires des communes intéressées sont d'accord pour reconnaître la nécessité de s'unir dans le but d'arriver à la création du *milieu thermal*, c'est-à-dire d'un Institut qui appartiendrait réellement à tous les intéressés, où médecins, directions, ingénieurs, architectes pourront trouver des moyens de travail et d'études, des documents et des modèles, où des laboratoires d'analyse et d'expérimentation, de géologie et minéralogie appliquées à l'hydrologie pourront rendre les services nécessaires, où une bibliothèque et un musée d'appareils seront à la disposition des médecins et des hydrologues.

En un mot, chacun reconnait la nécessité de l'Institut et paraît prêt à s'imposer pour sa fondation les sacrifices nécessaires. Une fois les subventions privées acquises, on pourra solliciter l'aide des communes et des départements, puis enfin celle de l'Etat. Nous aurons alors les ressources nécessaires pour mettre en action un grand Institut et j'ai, je le répète, le ferme espoir que si l'on a la constance indispensable, nous y réussirons d'ici deux ou trois années.

*
* *

J'ai fini, Messieurs, et en vous remerciant de votre hospitalité si cordiale, je lève mon verre en l'honneur de votre belle Station, si florissante et si justement en voie du plus grand succès :

A Châtel-Guyon qui, en trente années, a su prendre le premier rang. A Châtel-Guyon qui, par son développement dirigé scientifiquement a su devenir pour tous un fructueux exemple ;·

A ses médecins qui, toujours unis pour le bien commun, ont contribué magnifiquement à ce succès ;

A son Administrateur, le Docteur Pessez, qui saura faire profiter la Station de l'expérience acquise au cours d'une longue pratique médicale.

*
* *

M. le D' Gardette, Président de la Société Médicale de Châtel-Guyon, s'est exprimé à son tour ainsi :

Mon cher Confrère,

Il m'est très agréable de vous souhaiter, au nom du Corps médical de Châtel-Guyon, la bienvenue dans notre Station ; il me plaît encore davantage d'enregistrer la fin d'un malentendu qui s'était glissé entre vous et nous. Avec une franchise et une loyauté qui vous honorent, vous venez aujourd'hui nous dire que vous avez pris la résolution de vous mettre à l'Ecole auprès de vos confrères de villes d'Eaux, et vous nous avez promis de conserver à Châtel-Guyon le premier article de la deuxième partie de vos notes hydrologiques. Aussi c'est la main la plus amicale, la plus confraternelle que vous tend aujourd'hui le Corps médical de Châtel-Guyon, et il gardera de votre visite le plus sympathique souvenir. Par ouï-dire vous savez peut-être, par expérience vous saurez certainement qu'ici professent des médecins dont l'union, la concorde, l'esprit élevé et la compétence sont partout cités en exemple, et dont les sympathies et le dévouement ne connaissent pas de défaillances, des médecins qui se sont groupés dans une Société médicale qui ne compte, fait à remarquer et peut-être unique, aucune abstention.

Notre Société médicale s'est donnée en exemple, et a réalisé cette union nécessaire au développement d'une Station, dont vous parliez tout à l'heure. Chacun de nous ici a su, quand il le fallait, faire taire ses intérêts personnels et a compris qu'en définitive, la meilleure façon de prospérer individuellement était encore de travailler à l'intérêt général.

Elle a compris aussi qu'une Station, pour prospérer, pour grandir et se développer, devait résolument se placer sur le terrain scientifique, préciser sa technique, ses indications et ses effets thérapeutiques. Il a été fait déjà beaucoup dans ce sens ; nous nous proposons de faire plus et mieux, et il me plaît de vous dire qu'à notre dernière réunion, nous avons décidé de reprendre en commun l'étude de quelques points encore obscurs ou discutés de notre doctrine Châtelguyonnaise. Chaque année une ou deux questions seront particulièrement à l'ordre du jour, et chacun de nous fera porter d'une façon plus attentive son observation et sa sagacité clinique sur la question à l'étude. Il en résultera un ensemble d'observations et de critiques des plus intéressants, que nous discuterons entre nous pour arriver à une précision plus minutieuse de notre doctrine, de notre thérapeutique, et des résultats obtenus par notre cure. Au cours de l'année prochaine, il a été décidé que nous étudierions d'une façon plus spéciale deux points des indications et des résultats de notre cure.

Voilà la méthode de travail acceptée par nous et qui ne peut manquer de produire les résultats les plus heureux pour notre éducation mutelle et pour celle de nos confrères, d'apporter dans nos indications des précisions encore plus rigoureuses et d'éviter le flottement de doctrine que vous rappeliez tout à l'heure et qui a causé tant de ruines.

Ici encore, nous avons fondé une bibliothèque thermale qui, dès cette année, nous a donné des satisfactions appréciables, et qui, l'an prochain mieux organisée, mieux fournie surtout en documents, nous facilitera singulièrement le travail et les recherches, et à laquelle nous convions dès qu'ils arrivent chez nous, nos confrères étrangers à la Station : ils y sont accueillis et reçus comme chez eux et ils pourront par la littérature, par les graphiques, se documenter et connaître la valeur exacte de notre Station, ignorée hélas ! encore par beaucoup.

Le corps médical de Châtel-Guyon a donc bien mérité de l'hydrologie ; il donne l'exemple d'une activité, d'une initiative et d'un esprit scientifique qui peuvent être cités en exemple ; je suis fier que la confiance de mes confrères me désigne aujourd'hui pour vous le dire et pour vous prier de le redire.

Peut-être avons-nous pour tout cela mérité un peu des éloges que vous venez de nous décerner ; ils seront en tout cas un encouragement à poursuivre notre œuvre, à faire encore mieux.

Je vous ai parlé seulement des efforts médicaux qui ont été tentés, qui ont été réalisés ; beaucoup d'autres efforts, d'autres énergies, d'autres bonnes volontés se sont manifestés encore à Châtel-Guyon et dans toutes nos admirables Stations d'Auvergne. Je n'ai pas à vous en parler, cela m'entraînerait trop loin, et puis je n'ai pas qualité pour le faire. Je suis ici pour vous remercier des paroles flatteuses que vous avez adressées à notre Corps médical, et j'ai voulu vous bien montrer qu'il les avait méritées.

Au nom de tous nos confrères, présents ou absents, je bois à votre santé, mon cher Confrère, à la réalisation du projet d'Institut d'Hydrologie ; et nous nous séparerons tout à l'heure la main dans la main, et sans que, je peux vous l'affirmer, il reste entre nous l'ombre du malentendu.

Permettez-moi d'associer à nos remerciements le Dr Pessez, administrateur délégué de la Société, qui a bien voulu nous inviter gracieusement à sa table.

Je bois à Châtel-Guyon toujours plus prospère, toujours plus grand.

9 782019 238391